運動ができる👍すきになる本

2

てつぼう

マット

とびばこ

眞榮里耕太／監修

はじめに

運動は、できるようになると、とてもうれしい気もちになります。

はんたいにできないことがあると、くやしい気もちになりますよね。

この本を読んでいる人は、くやしい気もちをけいけんした人だと思います。

☑ さかあがりで足がうまく上がらない

☑ マットでまっすぐまわれない

☑ かっこよくとびこえられるようになりたい

どんな運動も「できない」ところからはじまるので安心してください。

これから「できる」にむかってれんしゅうをするときには、

この本に書かれているポイントに気をつけながらやってみましょう。

少しずつせいこうに近づくはずです。

けがに気をつけながらがんばってくださいね。

じゅんびと気をつけること

☑ つめをきる
☑ うわぎをずぼんに入れる
☑ ずぼんのひもをしまう
☑ ぼうしをかぶる
☑ かみが長い子はむすぶ
☑ 運動ぐつをはく
☑ じゅんび運動をする
☑ 水分をとる

ぼうし
つばが前にくるように
かぶる。
ごむひもをかける。

うわぎ
うわぎのすそをずぼんに
入れる。

くつ
マジックテープはしっか
り止める。ひもはしっか
りむすぶ。

もくじ

1章：てつぼう

☑ となりの人とぶつからないように、はなれててつぼうをもつ

☑ 手がはなれないようにしっかりにぎる

☑ まわるときに足があたらないように、前後に人がいないかたしかめる

2章：マット

☑ マットをはこぶときにもつところ（みみ）は、マットの下にしまう

☑ 前の人とぶつからないように、前の人がマットから出るのをまつ

3章：とびばこ

☑ 前の人とぶつからないように、前の人がとびばこからはなれるまでまつ

☑ 友だちにけがをさせないように、馬とびではぜったいにふざけない

この本のつかい方

このシリーズは、運動ができるようになりたい人たちの
いろいろななやみにこたえて、かいけつする本です。
さまざまな運動や場面ごとにしょうかいしていますので、
どこから読んでもかまいません。
気になるところから読んでみてください。

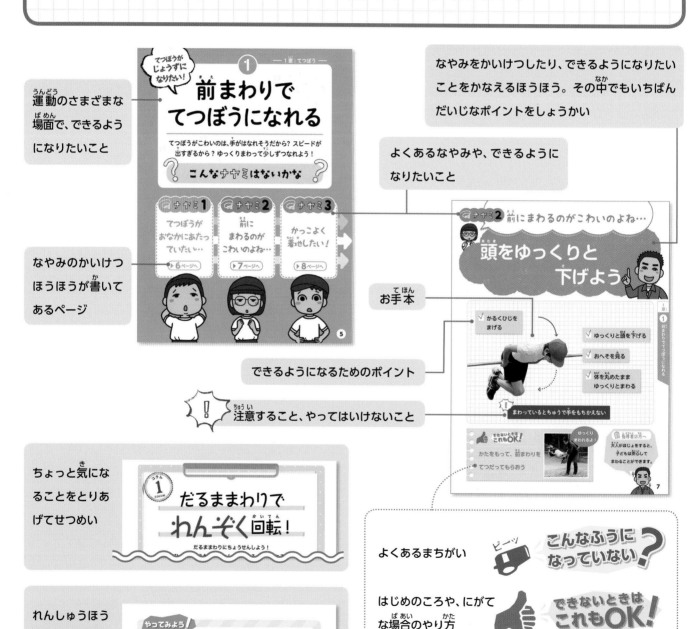

運動のさまざまな場面で、できるようになりたいこと

なやみのかいけつほうほうが書いてあるページ

なやみをかいけつしたり、できるようになりたいことをかなえるほうほう。その中でもいちばんだいじなポイントをしょうかい

よくあるなやみや、できるようになりたいこと

お手本

できるようになるためのポイント

注意すること、やってはいけないこと

ちょっと気になることをとりあげてせつめい

れんしゅうほうほうや、ためしてみたいことをせつめい

よくあるまちがい

はじめのころや、にがてな場合のやり方

気になること、聞いてみたいこと

てつぼうが じょうずに なりたい！

1

前まわりで てつぼうになれる

てつぼうがこわいのは、手がはなれそうだから？ スピードが 出すぎるから？ ゆっくりまわって少しずつなれよう！

 こんなナヤミはないかな

ナヤミ1

てつぼうが おなかにあたっ ていたい…

▶ 6ページへ

ナヤミ2

前に まわるのが こわいのよね…

▶ 7ページへ

ナヤミ3

かっこよく 着地したい！

▶ 8ページへ

ひじをのばしてこしの高さでかまえよう

✓ おへそより少し上くらいの高さのてつぼうをつかう

✓ ひじをのばす

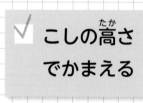

✓ こしの高さでかまえる

こんなふうになっていない？

ひじがまがっているね

おなかにてつぼうがあたっているよ

ひじがまがるとおなかで体をささえてしまうから、いたくなるんだ。

ナヤミ**2** 前にまわるのがこわいのよね…

頭をゆっくりと下げよう

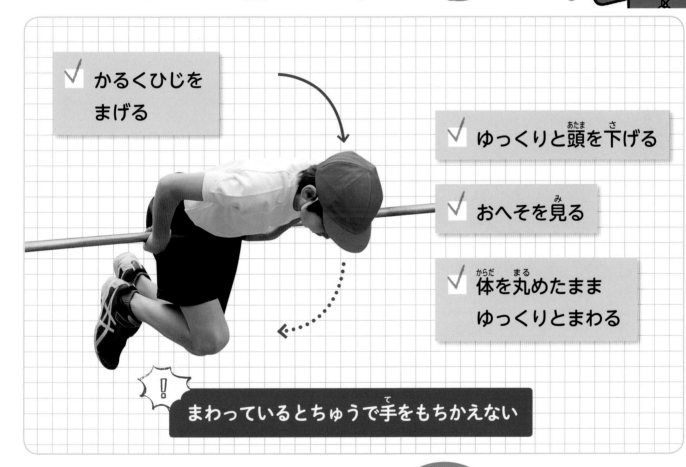

☑ かるくひじをまげる

☑ ゆっくりと頭を下げる

☑ おへそを見る

☑ 体を丸めたままゆっくりとまわる

! まわっているとちゅうで手をもちかえない

かたをもって、前まわりをてつだってもらおう

ゆっくりまわれるよ！

📋 指導者の方へ

大人がほじょをすると、子どもは安心してまわることができます。

ナヤミ3 かっこよく着地したい！

てつぼうの真下に着地しよう！

1章 ① 前まわりでてつぼうになれる

ステップ1

着地の前に、ひじをまげて体をささえる

✓ ひじをまげて、うでに力を入れる

✓ 体を丸めたままにする

ステップ2

てつぼうの真下に着地する

✓ 足もとをよく見る

✓ 両足をそろえて着地する

こんなふうになっていない？

てつぼうから遠くに着地しているよ

足がバタン！とおちちゃう

指導者の方へ

着地するところがよくわかるように、円でかこむなど、マークをつけてあげましょう。

8

てつぼうが
じょうずに
なりたい！

②

さかあがりが
できるようになる

さかあがりは、うでの力とふみきりがだいじ！
うでの力をつけて、体をささえられるようになろう。

 こんなナヤミはないかな

ナヤミ1

足が
上がらない
んだ

▶ **10**ページへ

ナヤミ2

体が
もち上がら
ないの…

▶ **12**ページへ

ナヤミ3

いろんなことに
ちょうせん
してみたい！

▶ **14**ページへ

てつぼうの真下でふみきろう！

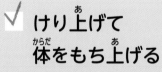

✓ 足をいきおいよく
けり上げる

✓ けり上げて
体をもち上げる

✓ てつぼうの
真下でふみきる

こんなふうになっていない？

遠くでふみきって

いるね

てつぼうのところまで
足が上がらないよ！

てつぼうから遠くでふみきると、体がのびてしまい、てつぼうのところに足が上がりにくくなる。

やってみよう！

のぼりぼうでさかあがり

のぼりぼうでさかあがりのかんかくをつかもう！　けり上げや、
ふみきる足のいちがわかり、うしろにまわるかんかくがつかめるよ。

手をはなさない！

① ぼうをにぎる

② けり上げて
ふみきる

③ まわって
着地する

けり上げる足をうしろ
に引いて、いきおいよく
けり上げる。

ぼうとぼうの間でふみきる。

ぼうとぼうの間に
着地する。

のぼりぼうでふみきったいちや、まわるかんかくを
てつぼうでさかあがりをするときに思い出そう。

1 章

2 さかあがりができるようになる

11

ぐっ！とひじを まげてみよう

✓ ひじをまげる

✓ けり上げて 体をもち上げる

✓ おなかを 引きつける

ピーッ こんなふうに なっていない❓

ひじが

のびているね

体がてつぼうから はなれてしまうよ！

ひじがのびると、体がてつぼうから はなれてしまい、おなかを引きつけ られないので体がもち上がらない。

やってみよう！

ダンゴムシでうでと
おなかの力をつけよう

さかあがりは、うでとおなかに力を入れることがだいじ！
体をてつぼうに引きつけて、うでの力をつけよう！

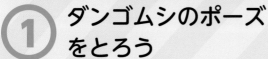

→

1,2,3,
4,5,6,
7,8,9,10

**① ダンゴムシのポーズ
をとろう**

ひじをまげてひざを上げ、顔を
てつぼうより高くする。

**② ダンゴムシのまま
がまんしよう**

10 びょうがまんしてみよう。

こんなふうに
なっていない？

ダンゴムシに

なっていないよ

ひじがのびている

顔がてつぼうの上ま
で上がっていない

わきをてつぼうにの
せている

13

手のもち方をかえて さかあがりをしよう！

1章
② さかあがりができるようになる

\じゅん手/

✓ 手のこうを
上にして
てつぼうを
上からにぎる

\さか手/

✓ 手のひらを
手前にむけて
てつぼうを
下からにぎる

\じゅんさか手/

✓ いっぽうの手を
じゅん手で、
もういっぽうの
手をさか手で
にぎる

もち方をかえて
いろいろためして
みよう！

空中さかあがりにちょうせんだ！

ステップ1

てつぼうにのる

☑ こしの高さでかまえる

☑ ひじをのばす

ステップ2

足をふっていきおいをつける

☑ 足を前後にふる

ステップ3

足を地面につけずにまわる

☑ 足をふり上げて体をうしろにたおす

☑ おなかがてつぼうからはなれないようにする

ステップ4

てつぼうの上にもどる

☑ てつぼうを手でおして体をおこす

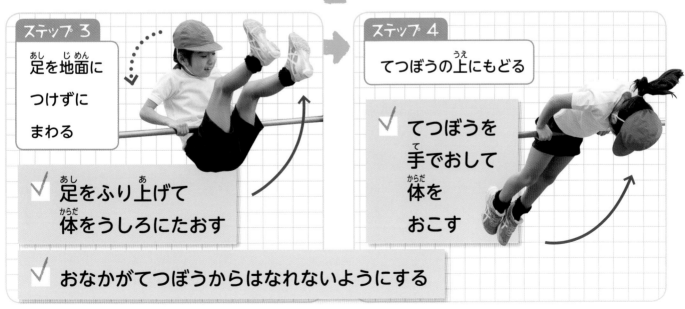

コラム **1** COLUM

だるままわりで
れんぞく回転（かいてん）！

だるままわりにちょうせんしよう！
手（て）でももをかかえたまま、れんぞくでぐるぐるまわれるかな？

＼ はじめに ／

ふとんほしの
しせいになれよう。
10びょうくらい
できるかな？

ふとんほしの
しせい

＼ まわり方（かた）／

1

体（からだ）をくの字（じ）にまげ、
てつぼうの下（した）から
手（て）でももを
かかえる。
ひざをまげのばしして、体（からだ）をゆらす。

＼ まわり方（かた）／

2

足（あし）をまげたり
のばしたり
して、
何回（なんかい）もまわる。

＼ まわり方（かた）／

3

回転（かいてん）が止（と）まったら
手（て）をてつぼうに
もちかえて
前（まえ）まわりでおりる。

マットで
きれいに
まわりたい！

マットでまっすぐ
まわって立ち上がる

マットでまっすぐまわるには、手や体をマットに
どうつけるかがだいじ！ さいごはすっと立ち上がろう！

 こんなナヤミはないかな

ナヤミ1

前転のとき
まっすぐまわれ
ないんだ

▶18ページへ

ナヤミ2

前転でうまく
立ち上がれ
ないのよね…

▶19ページへ

ナヤミ3

後転が
じょうずに
できないんだ

▶20ページへ

ナヤミ 1 　前転のときまっすぐまわれないんだ

頭のうしろをマットにつけよう！

ステップ 1

マットのほうをむいてしゃがむ

☑ **手を顔のよこに出す**

☑ **手はパーにする**

ステップ 2

両手をついてまわる

☑ **頭のうしろをマットにつける**

☑ **おへそを見る**

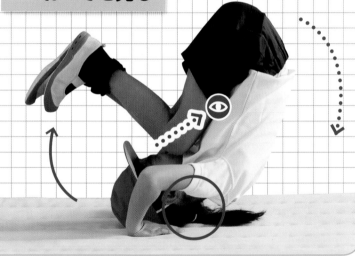

 こんなふうになっていない？

頭のてっぺんが

ついているね

体がななめになっちゃう！

かた手がマットに

ついていないよ

よこにたおれてしまうよ

おしりのそばに足（あし）をつこう

ステップ1
回転（かいてん）して足（あし）をつく

✓ こしは丸（まる）めたまま、手（て）を前（まえ）に出（だ）す

✓ おへそと足（あし）をくっつける

✓ 足（あし）はおしりの近（ちか）くにつく

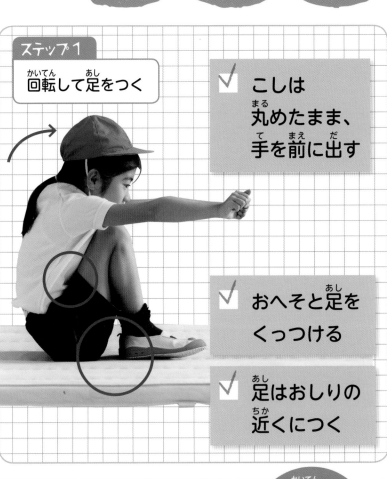

ステップ2
両足（りょうあし）で着地（ちゃくち）して立（た）ち上（あ）がる

✓ 体重（たいじゅう）を前（まえ）にかける

2章（しょう）　マットでまっすぐまわって立（た）ち上（あ）がる

こんなふうになっていない？

おしりから遠（とお）くに足（あし）がついているよ

回転（かいてん）のいきおいが止（と）まって立（た）ち上（あ）がれない！

できないときはこれもOK！

手（て）で体（からだ）をおし上（あ）げる

手（て）でおせば立（た）ち上（あ）がれるよ！

ナヤミ3 後転がじょうずにできないんだ

おしりを足から遠くにつけよう

ステップ1

手を耳のよこでひらいてしゃがむ

✓ 手はパーにする

ステップ2

うしろにたおれておしりをつく

✓ 足から遠いところにおしりをつく

ピーッ こんなふうになっていない？

足の近くにおしりがついているよ

おしりを近くにつくと、体が丸まっていきおいがつかなくなるよ。

足が上にのびているね

いきおいがつかないよ

いきおいをつけようとして足をのばすと、もっといきおいがなくなるよ。

20

ナヤミ 3　後転がじょうずにできないんだ

両手をそろえてつけよう

2章　マットでまっすぐまわって立ち上がる

ステップ 1

両手をついてまわる

✔ 耳のよこに両手をそろえてつく

ステップ 2

両足で着地して立ち上がる

✔ 両足を同時につく

こんなふうになっていない？

かたほうの手が

ついていないね

手をついてないほうにまがっちゃうね！

両手をそろえてつかないと、体がよこにたおれてしまうよ。

21

よじのぼり
さかだちをしてみよう

足でかべをよじのぼって、さかだちをしてみよう！
10 びょうがまんして、うでの力をつけよう！

\ はじめに /

かべに
せなかを
むけて立つ。

\ やり方 /

1

ゆかに手を
ついて、歩く
ように足で
かべをのぼる。

\ やり方 /

2

なれてきたら、
かべを歩く
ようにして、
さらに足を
上げる。

はじめはこれでも OK！

\ やり方 /

3

うでと
せなかを
まっすぐ
のばす。

10 びょう

がまん！

もどるときも、かべを歩くようにゆっくりおりよう。

とびばこを
かっこよく
とびたい！

とびばこを ぽーんっととびこえる

まずは、こわがらずにふみきることがだいじ！
ぽーんっととびこえられると、とっても楽しいよ！

こんなナヤミはないかな

ナヤミ1

ふみきりが
うまく
できないんだ

▶24ページへ

ナヤミ2

とびばこの上に
おしりがのって
しまうの

▶26ページへ

ナヤミ3

おしりが
とびばこに
あたっちゃう…

▶28ページへ

タン・タン・ジャンプで とんでみよう!

3章
_{しょう}

とびばこをぽーんっととびこえる

ステップ 1

3歩で助走する
_{ぽ じょそう}

＼タン／　　＼タン／　　＼ジャンプ／

✓ 両足をそろえてジャンプ
_{りょうあし}

ステップ 2

ふみきって手をつく
_て

✓ 両手をそろえてつく
_{りょう て}

できないときは **これもOK!**

助走しないで
_{じょそう}

とんでみる

とびばこに のる!

おしりがのったら 手をつかってとび_て ばこのおくまでい こう。 とびばこを手でお_て すれんしゅうにな るよ。

馬とびで高さになれよう！

かたくて長いとびばこがこわいときは、馬とびをしてとびこえるれんしゅうをしよう。とび方や高さをかえて、少しずつなれていこう。

① ひくい高さで手をつかわずにとびこえよう

とぶ子は、
とぶ前に手をつく。
とぶときは声を
かける。
馬になる子は、
四つんばいでしっかり
体をささえる。

手を
はなして
大きく
ジャンプして
とびこえる。

② せなかに手をついてとびこえよう

とぶ子は、
ギュ！ギュ！とおして、
馬がたおれないことを
かくにんする。
馬になる子は、
両手両足を広げて
体をささえる。

ギュ！ギュ！

こわがらずに
手でせなかを
おして、
とびこえる。

両足でふみきるタイミングがとれるようになるよ。

3章

とびばこをぽーんっととびこえる

とびばこのおくに手をつこう

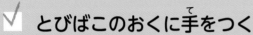
☑ とびばこのおくに手をつく

☑ ひじをのばす

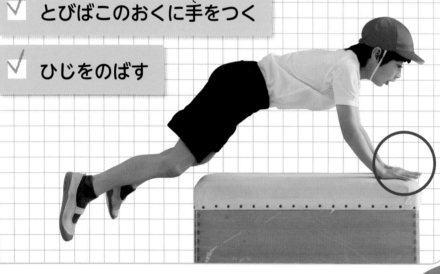

これくらいおくのほうに手をつこう！

☑ 手はパーにする

ピーッ
こんなふうになっていない？

手前に手を
ついているね

おしりも手前にのっちゃうね

手前に手をつくと、前にとぶことができない。おしりもとびばこの手前にのってしまう。

手がそろっていないね

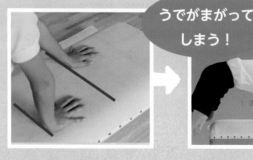
うでがまがってしまう！

手が前後すると、左右のうでに体重が同じようにかからず、うでがまがってしせいがくずれてしまうよ。

やってみよう！

うさぎとびで 遠くにジャンプ！

うさぎとびで、遠くに手をついてジャンプするれんしゅうをしよう。
とびばこをつかわないから、こわがらずにとべるよ！

① できるだけ遠くに手をつこう

ジャンプする先を
よく見る。
手をのばすと同時に
前へジャンプする。
できるだけ遠くに
手をつくようにする。

② 手と手の間に着地しよう

手と手の間に
着地する。
何回もやってみる。

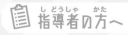

指導者の方へ　「ここに手をついてみよう」「マットを2回でとびこえよう」
など、具体的に目標をしめしてあげましょう。

ナヤミ3 おしりがとびばこにあたっちゃう…

遠くに着地しよう

3章 とびばこをぽーんっととびこえる

ステップ1

ふみきって手をつく

✓ とびばこのおくに手をつく

ステップ2

足を大きくひらいてとぶ

✓ 着地先を見る

 こんなふうになっていない？

とびばこの近くに

着地しているよ

おしりがとびばこにあたっちゃう！

着地しようとしているところがとびばこに近いと、おしりをすりやすくなるよ。

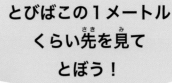
とびばこの1メートル
くらい先を見て
とぼう！

どうしたら遠くに
着地できるんだろう？

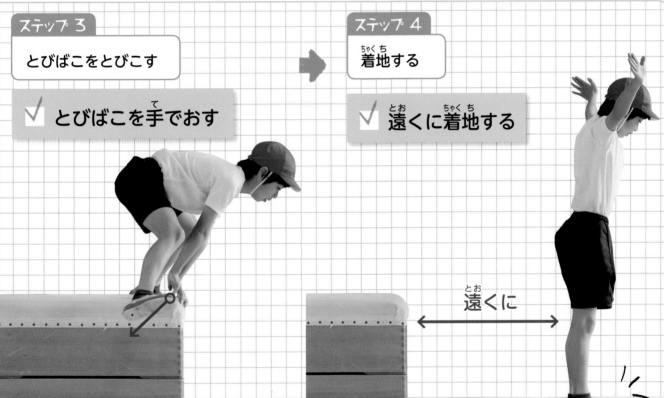

ステップ3

とびばこをとびこす

☑ **とびばこを手でおす**

ステップ4

着地する

☑ **遠くに着地する**

遠くに

しつもん　遠くに着地するには？

とびこえる目安をつくろう

目じるしがあると遠くにとびやすくなるよ。とびばこの
むこうがわにマットをおいて、その先に着地してみよう。

チェックリスト

コピーして
つかってね

てつぼう、マット、とびばこがじょうずになるための
ポイントをまとめたよ。できたものにチェックしよう！

チェック
ポイント！ **てつぼう**

前まわりをする

- ☐ ひじをのばしてこしの高さでかまえる
- ☐ 頭をゆっくり下げる
- ☐ てつぼうの真下に着地する
- ☐ **前まわりができた！**

さかあがりをする

- ☐ てつぼうの真下でふみきる
- ☐ ぐっ！とひじをまげる
- ☐ おなかを引きつける
- ☐ **さかあがりができた！**

チェック
ポイント！ **マット**

マットでまわって立ち上がる

- ☐ 前転は、頭のうしろをマットにつけてまわる
- ☐ 前転は、おしりのそばに足をついて立ち上がる
- ☐ **マットで前転ができた！**
- ☐ 後転は、おしりを足から遠くにつける
- ☐ 後転は、両手をそろえてマットにつける
- ☐ **マットで後転ができた！**

チェックポイント！ **とびばこ**

とびばこを
とびこえる

- ☐ 両足をそろえて、タン・タン・ジャンプでふみきる
- ☐ とびばこのおくに手をつく
- ☐ とびばこを手でおす
- ☐ 遠くに着地する
- ☐ とびばこをとびこえられた！

さくいん

監修　　　　筑波大学附属小学校　教諭　眞榮里耕太

1980年生まれ。筑波大学附属小学校教諭、筑波学校体育研究会理事、初等教育研究会会員。著書、監修に『小学校体育 写真でわかる運動と指導のポイント』（大修館書店）、『小学生の動きつくり・体つくりの教科書』（ベースボールマガジン社）、『子どもの運動能力をグングン伸ばす！１時間に２教材を扱う「組み合わせ単元」でつくる筑波の体育授業』『できる子が圧倒的に増える！「お手伝い・補助」で一緒に伸びる筑波の体育授業』（ともに明治図書出版）がある。

企画・制作　　やじろべー

デザイン・DTP　ヨダトモコ

イラスト　　河原ちょっと

撮影　　　　小林 靖

2020年7月5日初版第1刷印刷　　2020年7月15日初版第1刷発行

監修　眞榮里耕太
編集　株式会社　国土社編集部
発行　株式会社　国土社
　　　〒101-0062　東京都千代田区神田駿河台2-5
　　　TEL 03-6272-6125　　FAX 03-6272-6126　　https://www.kokudosha.co.jp
印刷　株式会社　厚徳社
製本　株式会社　難波製本

NDC780　32P　29cm　ISBN978-4-337-17602-7　C8375